BIBLIOTHÈQUE ANECDOTIQUE & LITTÉRAIRE

### H. DE BALZAC

# TONY SANS SOIN

SUIVI DE

UN PARTAGE QUI COUTE CHER

L'OURS ET LE BUCHERON — FLEURETTE

ÉDITION ILLUSTRÉE DE 21 GRAVURES
DONT 4 HORS TEXTE TIRÉES A LA SANGUINE

PARIS
LIBRAIRIE D'ÉDUCATION A. HATIER
33, QUAI DES GRANDS-AUGUSTINS, 33

Tous droits réservés

BIBLIOTHÈQUE ANECDOTIQUE & LITTÉRAIRE

## H. DE BALZAC

# TONY SANS SOIN

SUIVI DE

UN PARTAGE QUI COUTE CHER

L'OURS ET LE BUCHERON — FLEURETTE

ÉDITION ILLUSTRÉE DE 21 GRAVURES
DONT 4 HORS TEXTE TIRÉES A LA SANGUINE

PARIS
LIBRAIRIE D'ÉDUCATION A. HATIER
33, QUAI DES GRANDS-AUGUSTINS, 33

Tous droits réservés

QU'AS-TU FAIT DE TON AUTRE SOULIER ?

# TONY SANS SOIN

M^me Gilbert, mère de quatre enfants, était restée veuve à quarante ans. Si son mari ne lui avait pas laissé assez de fortune pour établir ses enfants, elle avait de quoi vivre. L'éducation est la fortune des jeunes gens pauvres; aussi, M^me Gilbert endurait-elle les plus grandes privations pour pouvoir élever ses trois fils. Elle avait un frère qui aimait tant sa nièce et ses trois neveux, qu'on ne le nommait pas autrement que le *Meilleur des Oncles*.

Le Meilleur des Oncles.

Le dernier enfant de M^me Gilbert était âgé de sept ans et se nommait Tony. Antoinette, jolie fille de douze ans, et l'aînée des trois autres enfants, avait tenu Tony sur les fonts de baptême, et le *Meilleur des Oncles* fut son compère. Antoinette, qui semblait comprendre la tâche de sa mère, lui donnait beaucoup de satisfaction. Georges et Lucien, les aînés de Tony, placés dans un bon collège, savaient que leur oncle, assez riche commerçant, payait leur pension, aussi travaillaient-ils bien.

Je te mettrai mousse...

Un jour, le *Meilleur des Oncles* trouva sa sœur un peu triste et lui demanda ce qui lui faisait du chagrin. M<sup>me</sup> Gilbert n'ayant aucune réponse plausible à donner à son frère, qui passait en revue toutes les peines qui peuvent affliger une mère, l'oncle, quoique garçon, finit par voir qu'il s'agissait des enfants. Or, comme Antoinette était sage et que les collégiens avaient de bonnes notes :

« Serait-ce mon filleul? demanda-t-il. Sabre de bois! lui cria-t-il, en faisant des yeux terribles, je te mettrai mousse sur un bâtiment de commerce. »

Tony s'enfuit.

« Qu'a-t-il fait ? demanda l'oncle à sa sœur.

— Je ne puis me résoudre à dire du mal de mon enfant, dit la mère, il se corrigera sans doute en voyant combien il m'attriste. D'ailleurs, voilà M. Hubert, son maître, interrogez-le. »

Et la mère s'en alla pour retrouver Tony et l'envoyer à son oncle et au maître par Antoinette, qui l'amena devant ses deux juges.

M. Hubert, digne vieillard qui tenait une petite pension d'enfants, dit alors au *Meilleur des Oncles :*

« Monsieur, j'ai bien peur que cet enfant ne fasse jamais son chemin. Tantôt il reste tête nue, Monsieur a perdu sa casquette ; on le voit sans jarretières, ses bas sont tout crottés sur ses talons. Il passera toute sa vie à chercher de quoi se mettre en route. Quand les autres seront tranquillement à leurs places, il accourra tout essoufflé pour voir la sienne prise. Il emploie son temps à trouver son livre, et quand il commence à apprendre sa leçon, les autres l'ont récitée. Il trouble la maison pour avoir ses affaires, et mange son déjeuner froid ; puis il se précipite à travers la boue et les ruisseaux pour courir après ses camarades, vient trop tard, n'a eu le temps de rien faire, et il est mis en pénitence devant l'école qui rit de lui. Les défauts non réprimés à l'école deviennent des vices dans la vie de l'homme. Il est au piquet quand ses camarades s'amusent, et il prend l'habitude d'être puni, ce qui l'endurcit dans son vice. Il s'est laissé surnommer *Tony Sans Soin*. Ce serait fâcheux que ce surnom lui restât.

— C'est grave! répéta l'oncle. Je comprends pourquoi Mme Gilbert était triste.

— Il est bon, il n'est pas taquin, il est obligeant, il est bien gentil, dit Antoinette, et il est le plus grondé de nous tous. »

Quinze jours après, au retour d'un voyage, le *Meilleur des Oncles*, qui était allé sauver une partie de sa fortune compromise par un méchant homme en qui il avait eu trop de confiance, promit à sa nièce et à ses neveux, une journée à la campagne, sans fixer de jour. La veille du jour où l'oncle devait venir chercher sa petite famille, Tony, digne de son nom, s'était bien gardé d'accoupler sa chaussure en se couchant, comme font les enfants soigneux, afin de la retrouver le lendemain. Après avoir lancé, pour rire, un soulier par la chambre, il trouva drôle de monter à cloche-pied. Accablé de sommeil, il se jeta dans son lit et dormit comme un loir.

Le lendemain, l'heure de l'école sonne, Tony saute à bas, et ne trouve qu'un soulier, il ne se souvenait plus d'avoir joué la veille avec l'autre. Le voilà qui bouleverse les meubles, se met à plat ventre pour regarder dessous le lit et salit sa chemise. En ne trouvant rien, il accusa ses frères, alors en vacances, de lui avoir caché son soulier, car un sans soin ne reconnaît son désordre qu'à la dernière extrémité. C'était d'autant plus malheureux que sa mère, après avoir reproché à Tony de trop promptement user ses souliers, lui en avait commandé deux paires ; et les cordonniers, qui se font toujours attendre, ne les avaient pas encore apportées : en sorte que, pour le moment, il était réduit à cette seule paire de souliers.

Pendant que Tony appelait à son secours Gabrielle, la seule servante de la maison, des cris de joie annoncèrent l'arrivée du *Meilleur des Oncles*, dont le char à bancs retentissait dans la rue. On devait déjeuner à Saint-Cloud.

Il se met à plat ventre...

« Ah ! nous irons en bateau ! nous verrons la foire ! »

Tony entendait sa sœur et ses frères s'appelant, cherchant tous, l'une son châle et son chapeau, l'autre sa casquette. Ce fut enfin une émeute de famille, une de ces émeutes joyeuses, par lesquelles les tiroirs restent ouverts, et où les enfants se croient tout permis pour ne pas perdre un moment de joie.

« Et pas de souliers ! » disait Tony en pleurant de rage.

Il descend, et voit par une fenêtre ses frères parfaitement chaussés, lavés, boutonnés, gantés, regardant le char à bancs. Sa sœur, pomponnée par sa mère, piaffait autant que le cheval, qui avait aussi ses bouffettes roses aux oreilles.

« Où est Tony ? Tony ! »

Tony remonte dans sa chambre. Il met son soulier tantôt à un pied, tantôt à un autre, comme pour se figurer qu'il en a deux, mais il n'en a qu'un. Tony repleure. Enfin, soutenu par l'espoir d'attendrir son oncle, sa mère, sa sœur, ses frères, et d'être emmené comme il est, il descend en oubliant son désordre, et il paraît les mains sales, la chemise déchirée, mal peigné, pas habillé du tout, rouge de désespoir. A cet aspect un cri s'élève :

« Oh ! Tony ! Tony !

— Et il n'a qu'un soulier ! s'écrie le *Meilleur des Oncles* devenu terrible.

— Qu'as-tu fait de ton autre soulier, malheureux enfant ? dit la mère. Oh ! Tony ! Tony ! s'écria-t-elle en pleurant.

— Mais cherche-le donc ! s'écria Georges.

— Impossible de le trouver ! répondit Gabrielle, en apparaissant dans la cour.

— Oh ! dit Lucien, j'ai des chaussons de lisière, prends-en un.

— Non, dit le *Meilleur des Oncles*. Je lui donne encore cinq minutes pour être prêt, et après... fouette cocher. »

Je lui donne encore cinq minutes...

Toute la maison cherche le soulier, le soulier ne se trouve nulle part. Le chien se démenait sur le seuil de sa cabane en aboyant ; il semblait partager la confusion générale.

Pendant que sa mère fait une dernière tentative dans l'escalier, Tony tâche d'attendrir le *Meilleur des Oncles*, il crie :

« J'aurai de l'ordre, je rangerai tout, emmène-moi ? »

L'oncle est impitoyable. Le neveu s'attache à l'oncle ; il le prend par son gilet, s'accroche aux poches. En se sentant étreint par son neveu, l'oncle fait signe au gros cocher : le cocher arrache Tony. Le *Sans Soin* est condamné à rester seul au logis avec Gabrielle.

« Ayez soin de lui, dit M$^{me}$ Gilbert. Tenez, achetez-lui une tarte aux abricots... »

Et en sortant, la mère, triste de n'avoir que trois de ses enfants, entendait les pleurs de Tony pendant que le char à bancs roulait. Tony, croyez-le bien, eut un affreux serrement de cœur en écoutant le bruit du char à bancs. Quand il n'entendit plus rien, il regarda dans la rue. Plus de char à bancs ! la rue est déserte. Tout le monde est allé à la campagne, et les passants lui semblent allant tous à Saint-Cloud. Tony rentre dans sa chambre et se dit :

Je voudrais bien avoir de l'ordre comme Lucien !...

Et le voilà qui se met à ranger tout chez lui ; ses livres, ses crayons, sa boîte à couleurs, ses images

IL APERÇOIT UN PAPIER PLIÉ EN QUATRE.

coloriées, celles à colorier, ses livres délabrés, auxquels il donne un certain air en les mettant sur la planche. Puis il range toutes ses affaires dans leur armoire.

Enfin il nettoie sa chambre, et il éprouve ce certain contentement que cause l'ordre. Quand il eut tout bien rangé, il alla voir dans le corridor et regarda dans la cour. Que voit-il? son soulier! son soulier à la gueule du chien, qui l'avait sans doute caché sous la paille, dans sa niche. Tony descend et aperçoit, au milieu de la cour, un papier plié en quatre. Comme il venait de se dire d'avoir de l'ordre, il ramassa ce papier, le mit dans sa poche, et reprit au chien son soulier en grondant le chien. Puis il revient à sa chambre, et se met à lire pour passer son temps de pénitence. Néanmoins il commençait à s'ennuyer, il cherchait à

Et le voilà qui se met à ranger...

s'amuser, il regardait si tout était en ordre, il se disait :

— Ils sont à Saint-Cloud, eux !

Dans cette situation d'esprit, il ne fut pas insensible à l'invasion d'un jeune chat qu'il crut attiré vers lui par quelque instinct, car il vint à lui d'un certain air coquet comme pour dire : « Jouons ensemble ! » Pour répondre aux avances du chat, Tony prit le papier qu'il avait dans sa poche, il en fit une boule, y passa un bout de fil, et il simula les tours de passe-passe d'une souris pour le chat, qui se prêta très bien à cette petite guerre. Tout allait bien, Tony et son chat cabriolaient à l'envi, quand le bruit du char à bancs retentit, et Tony vit revenir sa famille dans un émoi qui ressemblait à de la consternation.

Jouons ensemble !...

« Ah ! Madame ! dit Gabrielle, M. Tony a rangé son armoire et sa chambre !

— Il s'agit bien de cela ! cria le *Meilleur des Oncles*.

— Hélas ! dit Mme Gilbert, il manque à mon frère

un papier de la plus haute importance; s'il ne se retrouve pas, il perdrait quarante mille francs que ce méchant homme refuserait de lui payer. Il l'avait encore ici et croit qu'il doit y être. Tout le monde se met à chercher, et après une demi-heure personne ne trouve.

— Mon Dieu, dit Mme Gilbert à son frère, pourquoi avoir mis la fête avant ce dernier payement? C'est moi qui suis cause de cette perte. »

Allons tous à Saint-Cloud...

Tony, fier de ses deux souliers, descend avec sa boule de papier et se montre; mais en apprenant la cause de la désolation il dit à son oncle :

« Serait-ce cela ? »

Et l'oncle, en dépliant le papier, retrouva la pièce importante. Il embrasse Tony et lui dit :

« Allons tous à Saint-Cloud; mais si je t'emmène,

ce n'est pas tant pour avoir gardé mon papier que tu as fait sortir de ma poche, que pour avoir rangé ta chambre, tes livres et ton armoire. »

Aujourd'hui, si vous prêtez quoi que ce soit à Tony, Tony vous le rend propre, sans déchirures ni taches. Il est le premier venu à l'école. En ne perdant point ses gants, il n'a plus d'engelures aux mains. Sa mère ne dépense plus autant d'argent en livres, car il a soin des siens. Enfin, il s'est corrigé.

Patatras! l'écuelle est par terre...

# UN PARTAGE QUI COUTE CHER

Par une très chaude soirée de juillet, dans le midi de la France, le gentil Jeannot, l'enfant du brave Valentin, vigneron, a la permission de sa maman de prendre le frais en costume léger, pour ne pas dire en chemise, sur le seuil du logis : c'est sa récompense de s'être laissé bien baigner. Aussi, profite-t-il du bon temps, tout en jouant ses plus jolis airs de trompette à son chat et à son polichinelle tandis qu'à ses pieds, trois chiens sont en train de laper fraternellement dans une grande écuelle. Tout à coup, patatras ! à terre l'écuelle... Plus de fraternité, des cris à déchirer le tympan de l'oreille et, pour un os, voici les camarades qui se roulent comme des enragés... Ils tombent tous trois, mais tous trois vainqueurs ! chacun a sa part. Seulement, c'est *un partage qui coûte cher* aux concurrents ! Quand ils se relèvent et qu'après avoir rongé l'os convoité, ils retournent au récipient renversé, plus rien dedans ! La bonne soupe grasse est entrée dans le sol... Quelle déconfiture !

« Ah ! méchants toutous ! s'écrie le bébé que cette scène a troublé ; je suis bien content que vous n'ayez plus de soupe, car maman dit que lorsqu'on est trop gourmand, rien ne peut profiter, et voilà !

« Mère ! elle a toujours raison ! Vous avez voulu tout avoir et vous n'avez rien du tout... »

# L'OURS ET LE BUCHERON

Georges... Georges... viens donc vite à mon secours !... criait avec angoisse le pauvre Lucien, employant toute sa force pour retenir une lourde échelle prête à se renverser sur lui... Georges !... Georges !...

Mais M. Georges n'en allait pas plus vite, malgré ces instantes prières et le danger réel que courait son cousin ; même, ayant vu une jolie fleurette sur son chemin, il s'était baissé pour la ramasser, sans penser qu'il perdait ainsi un temps précieux, puisqu'il s'agissait pour lui de venir en aide à celui qui attendait son secours dans les plus vives alarmes.

Voilà pour ton mauvais cœur...

Heureusement que Louis, Camille et Gabriel, moins égoïstes que Georges, abandonnant sur-le-champ jeux et plaisirs, s'étaient élancés pour porter leur aide au pauvre patient, qui parvint ainsi à se débarrasser de l'ennemi dangereux qui menaçait sa vie ; puis, quand ce premier point, le plus important réellement, fut d'abord réglé, nos petits amis, furieux de l'égoïsme qu'avait montré Georges, coururent après lui pour lui en témoigner leur mécontentement, et vous savez qu'entre écoliers la méthode pour corriger s'enseigne à coups de poings.

Même, ayant vu une joli fleurette..

Georges, à son tour, criait, pleurait, appelait à son aide... et les mauvais garnements de redoubler leurs coups.

— Pif !... paf !... pouf !... faisait l'un, ça t'apprendra à ne pas rendre service...

— Paf !... paf !... paf !... tapait l'autre, voilà pour ton mauvais cœur...

— Pouf !... pouf !...

pouf!... frappait celui-ci, ça te corrigera d'être un égoïste...

Et ainsi de suite, car chaque coup était suivi de sa morale.

M^me Lormier, cachée derrière un petit fourré de bois, assistait à cette mercuriale d'écoliers et laissait faire, car elle avait vu toute la petite scène qui l'attirait à Georges, puisqu'elle courait elle-même, le cœur rempli d'angoisse, au secours de Lucien dans un si dangereux embarras, quand heureusement les autres enfants le délivrèrent ; et elle fut comme ceux-ci indignée du peu d'empressement qu'avait montré Georges à rendre un si pressant service ; peu d'empressement qui pouvait se traduire en sécheresse de cœur et en égoïsme : aussi, quand les enfants furent rentrés au salon pour reprendre auprès d'elle, et le repos nécessaire après leurs jeux, et une distraction nouvelle dans l'histoire qui leur était due, elle fit semblant de ne pas s'apercevoir que Georges avait les yeux gros comme le poing et une foule de marques bleues sur la figure.

Pourtant Georges se mit tout en face d'elle, espérant une interrogation qui lui permettrait d'accuser ses cousins ; mais, à sa grande honte, il n'en fut rien, et quand chacun eut pris sa place, la bonne grand'mère commença son intéressant récit :

« Dans les hautes montagnes de la Suisse, vivait avec sa mère un honnête bûcheron appelé Kretle Branchy ; Kretle était aussi doux et aussi bon qu'il était grand et fort, car c'était un véritable colosse et d'une force si grande qu'il tuait un taureau d'un coup de poing et le chargeait comme un mouton sur ses épaules ; aussi, tout le monde le craignait et l'aimait au pays.

Une nuit, le brave Kretle, qui avait bien travaillé toute la soirée, revenait gaiement au chalet en songeant au bon souper qu'avait dû lui préparer sa mère, quand il fut désagréablement surpris en se trouvant au pied d'un arbre dont il voyait descendre un ours d'une grosseur effrayante.

Cette rencontre ne promettait pas précisément d'être pleine de charme ! mais, comme Kretle était brave, il ne perdit pas la tête, et, s'élançant avec rapidité derrière l'arbre, c'est-à-dire au côté opposé du corps de l'animal, il saisit vigoureusement les pattes de devant de cette méchante bête au moment où ses pattes de derrière étaient sur le point de toucher le sol.

L'ours grogna, montra les dents et chercha à dégager d'une étreinte aussi inattendue ; mais ses horribles griffes étaient tombées au pouvoir d'un poignet non moins solide qu'elles-mêmes, et il était également impossible à son museau et à ses pattes de derrière d'atteindre son adversaire, vu que l'arbre qui se trouvait entre eux deux servait ainsi de bouclier au bûcheron.

Il saisit vigoureusement les pattes...

La position du méchant ours n'était donc ni commode ni agréable, mais celle du pauvre Kretle ne valait guère mieux, car il sentait bien qu'il ne pouvait pas garder ainsi bien longtemps les pattes de l'ours dans ses mains, et il comprenait aussi que le méchant animal, une fois lâché, lui ferait payer à bons coups de dents le mauvais tour qu'il lui avait joué.

L'heure avancée de la nuit ne lui permettait pas l'espoir d'être délivré par un passant; car, dans les campagnes, à la chute du jour, chacun rentre chez soi.

Vous devez donc vous figurer les angoisses du malheureux Kretle Branchy!...

Tout à coup, il songea que la maison du forgeron Franck Wurmser ne devait pas être assez éloignée du lieu où se passait la scène dont il était le principal acteur, pour que celui-ci ne pût pas entendre ses cris; alors, son courage lui revenant avec cette espérance, il se mit à crier à pleins poumons :

« Franck Wurmser!... mon bon Franck! à mon secours ! »

Mais l'écho seul lui répondit.

Kretle, le désespoir dans l'âme, redouble ses cris... rien toujours, rien jamais... et il se vit contraint, durant le restant de la nuit, de garder ainsi son prisonnier.

L'ours, de son côté, faisait les plus violents efforts pour se soustraire à Kretle; mais il eut beau s'agiter, grommeler, hurler, montrer ses dents aiguës et terribles, celui-ci tint ferme, et quand le jour parut, il lui sembla que ses mains étaient rivées aux griffes de l'animal furieux. Enfin, avec le jour, la forge de Franck Wurmser s'ouvrit, et celui-ci en personne se présenta sur le seuil.

« A moi!... à moi!... » s'écria Kretle d'une voix déchirante.

FRANCK S'AVANÇA GRAVEMENT POUR LE DÉLIVRER.

Cette fois, Franck l'entendit, prit une hache, et s'avança gravement pour le délivrer.

« Pour l'amour de Dieu! Franck, ne m'avez-vous pas entendu vous appeler cette nuit? exclama le malheureux patient en le voyant arriver.

— Si fait, si, j'ai entendu appeler au secours; mais j'étais harassé de fatigue... puis, je ne reconnaissais pas votre voix; mais enfin, me voilà.

— Il est bien temps! murmura Kretle avec colère.

— Il est temps, puisque vous n'êtes pas mangé, fit froidement Franck... Mais, continua-t-il en levant sa hache, ne lâchez pas votre ours, je vais lui fendre le crâne.

Jugez de sa terreur...

— Non! non! s'écria Kretle, je veux me donner le plaisir de le tuer moi-même. D'ailleurs, vous pourriez le manquer... Venez ici à ma place... saisissez d'abord

Chacun s'amusa
à lui lancer des quolibets...

comme moi cette griffe... bien !... prenez encore cette autre... très bien ! Maintenant, vous êtes comme j'étais cette nuit. Tenez ferme !... je vais prendre votre hache et envoyer mon ours rejoindre ses ancêtres. »

Et le forgeron ayant pris la place de Kretle, Kretle ramassa la hache, la posa tranquillement sur son épaule, et s'en alla aussi gravement que Franck était arrivé.

A son tour, le malheureux forgeron fit retentir la montagne de ses cris; et jugez de sa terreur, il ne se sentait pas la force de résister cinq minutes aux efforts que faisait, pour se délivrer, son horrible prisonnier.

Kretle ne le laissa que durant quelques instants dans cette terrible angoisse; car, trop humain pour pousser plus loin sa vengeance, il revint bientôt sur ses pas, abattit l'ours et délivra ainsi le malheureux forgeron, qui, quelques instants plus tard, eût été infailliblement dévoré.

Mais le bon Dieu ne lui pardonna pas la dureté de son cœur.

Malheureusement, quelques jours après, le forgeron se laissa choir dans la rivière, et ne sachant pas nager, il appela à son secours; mais, au lieu de le retirer sur-le-champ, chacun s'amusa à lui lancer des quolibets, en lui disant d'attendre Kretle et son ours; si bien que quand on voulut le secourir, il était trop tard, l'égoïste était noyé!

En écoutant cette histoire de la grand-mère, Georges comprit que c'était à lui que la morale s'adressait; tout penaud, il baissait la tête, tandis que tous lui lançaient un regard très significatif. Aussi, à peine fut-elle achevée qu'il s'élança dans le jardin, afin d'y cacher sa rougeur et son dépit et aussi, espérons-le, pour y réfléchir au moyen de se corriger.

# FLEURETTE

Au midi de la France, entre les Alpes et la mer, se trouve un charmant pays que nous nommons Comté de Nice, mais qui, au temps des fées, s'appelait royaume des fleurs.

Là, dans un magnifique palais de cristal entouré de superbes jardins, vivaient en sœurs toutes les plantes.

La fée aux Roses en était la reine, et la plus douce paix régnait dans ce royaume parfumé.

Les habitants de l'air, depuis le rossignol jusqu'au petit roitelet; les habitants de la terre, depuis la cigale jusqu'au cricri, animaient et réjouissaient par leurs chants ce séjour délicieux.

Un jour, la fée aux Roses, sortant de son palais, trouva à l'entrée du jardin une toute petite fille qu'on y avait déposée. Elle la prit entre ses bras et la caressant doucement :

ELLE ENDORMIT LE MONSTRE.

« Charmante créature, dit-elle, je t'adopte, je t'élèverai, je serai ta marraine. » Aussitôt, elle la transporta dans le jardin et, allant trouver la fée Violette et la fée Oranger :

« Je vous la confie, mes sœurs, dit-elle, veillez sur elle. Comme reine, je m'absente souvent et ne puis me charger de ce soin ; remplacez-moi près d'elle et faites-en une fille accomplie. »

L'enfant, qu'on nomma Fleurette, grandit au milieu des fleurs.

Je vous la confie, mes sœurs...

Ses deux institutrices la douèrent de modestie et d'innocence ; le rossignol lui donna des leçons de chant, et toutes les plantes lui donnèrent la science de la nature.

Fleurette resta toujours frêle et élancée comme le

Les habitants l'avaient nommée Bienfaisante...

lis, dont elle avait dans la taille la flexible délicatesse, et dans le teint l'éclatante blancheur.

Près du domaine des fées se trouvait un village que Fleurette visitait souvent. Les habitants, dont elle était la bienfaitrice, la chérissaient et l'avaient surnommée Bienfaisante. En effet, partout où elle passait elle laissait le bien-être et la joie. Nul ne s'entendait mieux qu'elle à calmer les souffrances et toujours elle apportait la paix. Il est vrai que ses bonnes amies les fleurs l'y aidaient puissamment. C'était la fleur d'oranger qui lui donnait ces belles pommes d'or qui amusaient les enfants ; c'était le lin qui lui donnait le fil dont elle tissait les délicates étoffes qui embellissaient les jeunes filles ; c'était l'aconit qui lui donnait le suc qui calmait la fièvre ; le pavot qui lui donnait la liqueur qui engourdissait les souffrances et procurait le sommeil réparateur, et tant d'autres dont Fleurette connaissait mieux que moi les propriétés bienfaisantes.

Un jour, cette douce quiétude fut troublée. Un méchant génie, ennemi des fleurs, l'Ouragan, vint leur déclarer la guerre. Il déchaîna sur le royaume son armée dévastatrice dont l'Aquilon était le général et le Mistral le capitaine.

Les ravages de ces dévastateurs s'étendaient au loin. La mer en fut agitée et les villages d'alentour virent leurs récoltes dispersées, perdues par ces terribles ennemis. La stupeur et la désolation avaient remplacé la joie et la paix. Les oiseaux eux-mêmes avaient cessé leurs chants et les insectes s'étaient cachés dans les entrailles de la terre.

Dans cette extrémité, les fées tinrent conseil. Les supplications étaient inutiles ; il fallait employer la force et la ruse. Or, si les fleurs n'ont pas la force brutale, elles ont le charme vainqueur ; mais, si frêles, comment oser se présenter à cet horrible Ouragan dont elles étaient si effrayées ?

« Chargez-moi de ce soin, mes amies, dit Fleurette, qui assistait à la délibération, j'ai un corps plus solide que le vôtre à opposer à ses coups, et il faudra bien qu'il m'entende.

— Il est sourd, dit la fée aux Roses, mais travaille de ton côté, moi, je travaillerai du mien; je vais aller voir le génie des nuages, il est de nos amis et voudra peut-être nous aider.

— Et, dit la timide fée Héliotrope, s'il nous envoie la grêle, le remède sera pire que le mal.

— Ne craignez rien, mes sœurs, j'espère. »

Aussitôt la fée aux Roses, se transformant en parfum, se posa sur les ailes d'un papillon qui s'éleva vers les nues. Pendant ce temps, Fleurette était allée demander conseil à la fée Souci. Cette fée était triste et sérieuse, mais elle savait donner un bon avis.

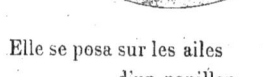

Elle se posa sur les ailes d'un papillon...

« Ma fille, dit-elle, il faudrait pouvoir conduire le génie Ouragan dans cette grotte creusée dans les rochers qui bordent la mer ; là, nous pourrions l'enchaîner facilement, et notre ennemi deviendrait impuissant et ne pourrait jamais plus nous nuire. »

Fleurette réfléchit et crut avoir trouvé un moyen : elle avait pensé aux charmes de la musique et voulait s'en servir pour attendrir l'indomptable génie.

Elle partit courageusement et s'exposa bravement à la tempête; mais sa faible voix ne pouvait dominer le tumulte et elle commençait à désespérer, lorsqu'il lui vint un auxiliaire. Une nuée grise s'étendit au-dessus du royaume et laissa tomber une pluie fine qui, peu à peu calma la violence des vents. Fleurette en profita aussitôt pour faire entendre ses chants les plus sonores, puis, voyant le génie prêter l'oreille, elle modula ses plus belles chansons et en vint progressivement aux plus douces mélodies.

Pendant ce temps, elle marchait toujours vers la caverne, et elle était poussée par l'Ouragan, grondant encore, tout doucement, charmé par cette voix ravissante.

L'ouragan suivait docilement...

Arrivée à la grotte, elle eut le courage d'y entrer malgré sa vaste profondeur et sa sombre solitude. L'Ouragan suivait docilement ; il étendit sur le sol ses membres colossaux.

Fleurette continua : son chant devint un murmure et, nouvel Orphée, elle endormit le monstre.

Les fées des fleurs arrivèrent alors et l'enchaînèrent.

Depuis ce temps, la paisible contrée a été à l'abri de la tempête; parfois l'Ouragan gronde sourdement, mais il ne peut sortir de sa prison.

Le calme reparut donc et les fées s'assemblèrent de nouveau.

« Fleurette, lui dit la reine, nous voulons te récompenser, et nous allons te donner une famille parmi les hommes. Un puissant roi nous aime et il te recevra à sa cour, tu deviendras une grande dame, les honneurs et les richesses t'entoureront. »

Fleurette pleura.

« Vous voulez donc me chasser, dit-elle; que ferais-je loin de vous? Qui vous connaît ne peut cesser de vous aimer; comment voulez-vous que je vive, moi qui ne vous ai jamais quittées et que vous nommez votre fille?

— Ne pleure plus, ma mignonne, dit la fée aux Roses, nous n'acceptions cette séparation que pour faire ton bonheur; tout le monde gagnera donc à ce que tu nous restes. »

Fleurette est donc demeurée la sœur des fleurs et l'amie des petits enfants.

Tours, imp. Deslis Frères.

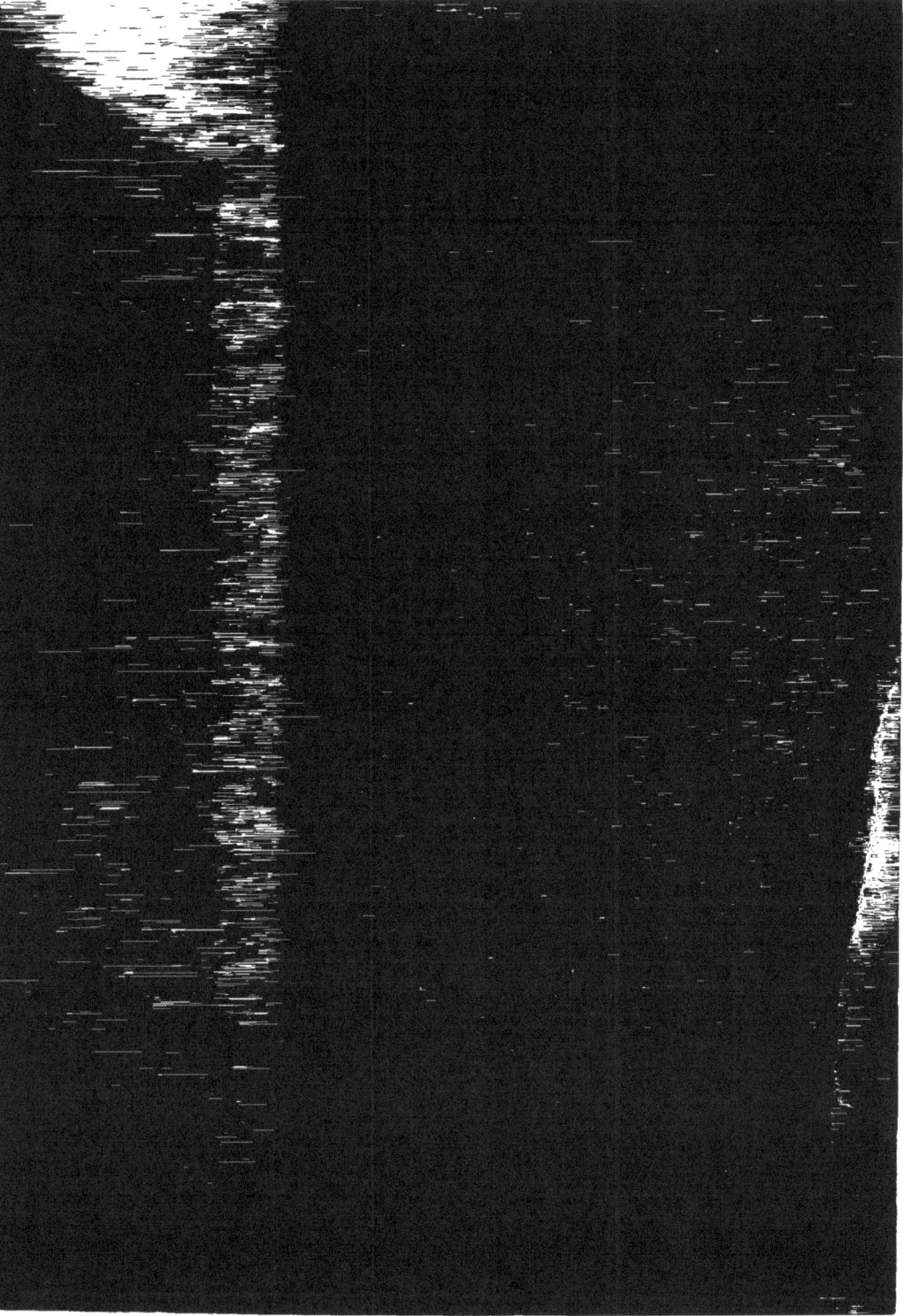

www.ingramcontent.com/pod-product-compliance
Lightning Source LLC
Chambersburg PA
CBHW062013070426
42451CB00008BA/695